AF252486

OBSERVATIONS.

OBSERVATIONS

SUR QUELQUES ARTICLES CALOMNIEUX

INSÉRÉS

DANS PLUSIEURS JOURNAUX DE L'EUROPE,

CONTRE

LE GOUVERNEMENT DU BRÉSIL,

ET RÉFUTÉS PAR LE C....... DE S....

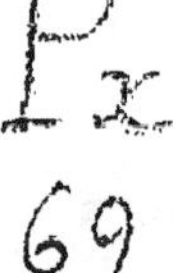

An sit aliquid in nostris consiliis, liceatque inter abruptam contumeliam, et deforme obsequium, pergere iter periculis vacuum.

TAC., *Ann. IV*.

La prudence humaine ne saurait-elle être capable de tenir une route assurée entre *la complaisance servile* et la liberté outrée ?...

PARIS.

DE L'IMPRIMERIE DE LEFEBVRE,

RUE DE BOURBON, Nº. 11.

FÉVRIER 1820.

OBSERVATIONS

SUR QUELQUES ARTICLES CALOMNIEUX

Insérés dans plusieurs Journaux de l'Europe, contre le Gouvernement du Brésil, et réfutés par le C......... de S...

DEPUIS long-temps on sait à quoi s'en tenir sur ces prétendues *correspondances privées*, qui, prônant sans cesse l'insurrection et les doctrines révolutionnaires, ne cherchent qu'à diffamer ce qu'il y a de plus honorable, à avilir ce qu'il y a de plus sacré, à décrier les droits les plus légitimes et les mieux fondés, et qui poussent l'impudence jusqu'à attaquer les personnages même les plus augustes. Depuis long-temps elles sont accueillies par le mépris général ; et l'opinion publique en a si bien fait justice, que souvent on ne daigne pas même répondre à des calomnies, qui naturellement doivent tomber d'elles-mêmes.

C'est ainsi que l'année dernière aucune voix ne s'est élevée pour réfuter un article, dirigé tout à la fois contre le Roi, contre le peuple, et contre le gouvernement du Brésil, article publié par le journal anglais le **Times** du 11 novembre 1818 , sous la forme d'une lettre adressée par un habitant de Rio-Janeiro , à un négociant de Baltimore. Cette prétendue lettre fut aussitôt insérée dans presque tous les journaux de l'Europe, et notamment dans le numéro du 16 novembre 1818 du Journal des Débats, *si connu d'ailleurs par ses principes.* Dans cet article , sorti sans doute de la plume déhontée de quelque démagogue américain, les intentions les plus perfides étaient si peu déguisées, la vérité était si grossièrement outragée, que les Ambassadeurs portugais près des différentes cours de l'Europe , défenseurs naturels, chez l'étranger, de la dignité de leur gouvernement, ont tous gardé le silence , dédaignant de réfuter des calomnies auxquelles nulle personne raisonnable ne pouvait ajouter foi.

Cependant , en parcourant dernièrement la Gazette de France du 15 septembre 1819, et le Constitutionnel du 23 décembre suivant, j'y ai trouvé, non sans quelque surprise , les mêmes calomnies répétées dans deux articles datés, le premier de New-Yorck, 10 août 1819; et l'autre de Rio-Janeiro , 3 octobre même année.

Comme Portugais , et quoique je ne sois chargé d'aucune mission , j'aime trop ma patrie, je suis trop jaloux de sa considération politique, pour voir sans cesse outrager mon Roi et mon pays, sans prendre leur défense. Laisser plus long-temps la calomnie sans réponse, *ce serait l'accréditer et s'en rendre complice en quelque sorte.* Je chercherai donc à réfuter les assertions mensongères contenues dans ces articles de Baltimore, de New-Yorck et de Rio-Janeiro, et il ne me sera pas difficile, je l'espère, de détruire les funestes impressions que l'on cherche à répandre contre mon Roi et contre ma patrie, en faisant connaître la véritable situation politique du Brésil, et l'esprit public qui anime ses habitans.

Suivant ces articles, *la morale et la civilisation de la capitale du Brésil est dans l'état le plus déplorable ; cette nation est encore en arrière de tout ce qui est estimable et bon. En fait de vices de toute espèce, elle ne le cède pas aux plus mauvais modèles qu'on pourrait trouver dans les mœurs européennes.* L'auteur de l'article de Baltimore avait ajouté qu'il doutait que l'exemple et les vertus d'une Princesse, qui avait conquis tous les cœurs, produisissent aucune amélioration à cet égard.

Tel est le jugement qu'on a osé porter sur une ville qui, élevée au-dessus de l'état de colonie, a, la première dans le Nouveau-Monde, été honorée de la présence d'un monarque européen; sur une ville que le Roi de Portugal a choisi pour le lieu de sa résidence; sur une ville où se trouve aujourd'hui réunie l'élite de la nation portugaise; sur une ville enfin, qui est devenue la rivale de Lisbonne. Mais à qui persuadera-t-on qu'elle ne renferme que des habitans corrompus et plongés dans un abrutissement qui ne laisserait concevoir aucune espérance de civilisation?

Ce n'est assurément ni sur les mœurs de la lie du peuple, ni sur celles des esclaves nègres, qu'il faut juger de la morale et de la civilisation d'un pays. Les désordres qu'on remarque dans ces deux classes, sont inévitables dans une ville populeuse et commerçante. Mais les vices attachés à la misère et à l'esclavage ne s'étendent pas au corps social, dans lequel on retrouve encore les descendans de Vasco da Gama , de Alvarès Cabral , de Castro, de Ataïde, de ces hommes illustres dont le Portugal s'honore, qui jadis ouvrirent à l'Europe un chemin nouveau vers les Indes-Orientales, et qui les premiers portèrent au Brésil les connaissances, les arts et le commerce de l'ancien Monde.

Et comment cette contrée, où les **Portugais**, connus dans l'histoire par leur courage, *et à quelques époques par une sagesse consommée*, établirent leur religion, leurs lois et leurs mœurs, ne les aurait-elle pas conservées jusqu'à nos jours ? Quelle cause surnaturelle l'aurait donc replongée dans cet état de barbarie dont nos ancêtres l'avaient tirée ? Et lorsqu'on la voit au contraire former successivement des relations de commerce avec les nations les plus éclairées et les plus policées de l'Europe, peut-on supposer aujourd'hui qu'elle n'a ni civilisation ni morale ?

Mais qu'entend-on par la morale d'une nation, sinon l'amour de ce qui est juste et bon ? Et qu'est-ce que la civilisation, sinon la pratique des devoirs que cet amour impose ? Toute nation qui voit fleurir chez elle l'industrie et le commerce, la paix et la justice, qui voit régner dans son sein le bon ordre, la soumission aux lois, l'amour de la patrie, le respect pour la religion, et la fidélité à la foi publique, ne possède-t-elle pas tous les trésors de la civilisation ? Or, telle est la situation morale des habitans du Brésil, et la mauvaise foi peut seule prétendre le contraire. Mais, à qui fera-t-elle illusion ? Et qui ne sait ce que ces mots, *cette nation est encore en arrière de tout ce qui est estimable et bon,* signifient dans la bouche de certain parti? Ah! sans doute, à ses yeux, cette nation doit être bien peu au niveau des doctrines du siècle, puisque, malgré les exemples qui l'entourent, malgré les efforts tentés auprès d'elle, elle demeure attachée à son Dieu et à son Roi, et qu'elle n'a pas encore fait de l'insurrection le premier des devoirs! Dans ce sens, il faut en convenir, les lumières ont fait bien peu de progrès au Brésil!!!

Aussi l'auteur de la lettre de Baltimore, conséquent avec lui-même, reproche-t-il au Gouvernement *de retarder les progrès de la civilisation.* C'est donc apparemment afin de tenir le peuple dans un état complet d'ignorance et de barbarie, que le Gouvernement a formé tant d'établissemens pour l'instruction publique, qu'il a fondé des académies, des colléges, des écoles dans toutes les parties du Brésil, qu'il appelle sans cesse autour de lui les savans les plus distingués et les artistes les plus fameux, qu'il encourage les sciences, qu'il honore les talens, qu'il récompense les découvertes utiles! Grâce à sa protection éclairée, les beaux arts sont parvenus dans ce pays à un degré de perfection, que l'Europe pourra bientôt apprécier, tant sous

le rapport de l'utilité, que sous celui de l'agrément. (*)

On reproche ensuite au clergé de *tenir le
peuple courbé sous la verge du plus obscur ca-
tholicisme* ; comme si la religion catholique, qui
est celle du pays, pouvait être plus obscure dans
le Brésil que dans les autres parties du Monde ;

(*) On peut même dans ce moment vérifier à Paris,
jusqu'à quel point on a déjà , au Brésil, poussé l'art
de travailler ce qui est purement d'agrément et de luxe.
M. Carneiro, Ministre Portugais en Suisse, jaloux de
faire connaître à l'étranger les produits des manufac-
tures du Brésil, en a apporté dernièrement différens
objets de cette nature, qui y ont été entièrement fa-
briqués avec des matières indigènes, et par des naturels
du pays. On remarque, entr'autres choses , des fleurs
artificielles, dont l'éclat et la beauté ne laissent rien à
désirer, et qui sont travaillées d'une manière toute nou-
velle, et inconnue jusqu'ici même à Paris. Pour mieux re-
présenter la nature , on a employé les matériaux que la
nature fournit elle-même, et on a fait servir à la com-
position de ces fleurs, les plumages des différens oiseaux
d'Amérique. Leurs couleurs brillantes et variées sont
combinées, nuancées et fondues avec tant d'art , qu'elles
imitent, à s'y méprendre, les couleurs vives et la fraî-
cheur des fleurs naturelles. M. Carneiro, qui demeure
rue de Clichy, n°. 29, les a placées dans de magnifiques
vases de porcelaines, et elles font le plus bel ornement
de son salon.

comme si la soumission du peuple aux dogmes de cette religion était plutôt l'effet d'un empire usurpé par ses prêtres, que d'une croyance qui lui a été transmise par ses pères.

On accuse aussi le Gouvernement d'être despotique. « *Le despotisme qui règne ici*, dit
» la lettre de Rio - Janeiro insérée en 1818
» dans le Times et dans le Journal des Débats,
» *est excessif, et son influence se fait sentir dans*
» *toutes les classes du peuple. Lè Gouverne-*
» *ment brésilien*, ajoute le Constitutionnel, *per-*
» *siste aveuglément dans son système de pou-*
» *voir absolu. Tout se fait dans ce pays par les*
» *moyens les plus arbitraires ; les mesures les plus*
» *tyranniques sont ordonnées, sans qu'il soit per-*
» *mis d'y faire la moindre observation.* » Mais ce n'est pas par de vaines déclamations qu'on doit accuser un Gouvernement, *c'est par des faits*. Quels sont donc ces actes d'un despotisme excessif qui désolent toutes les classes de la société? Quels sont ces moyens arbitraires, ces mesures tyranniques? *Qu'on en cite un exemple!* Si l'on appelle despotique un Gouvernement qui fonde toute sa force et son autorité sur l'amour sur-tout de la nation pour son Roi, celui du Brésil est assurément très-despotique : car le Roi y est adoré de ses sujets. Mais si, par Gou-

vernement despotique, on entend celui qui n'a
d'autre régulateur que la volonté arbitraire et
absolue du Monarque, le Gouvernement brésilien ne l'est pas ; son autorité est bornée et cir-
conscrite par des institutions qui protégent la
propriété, la sûreté individuelle et la liberté publique. Le Roi gouverne avec sagesse et modé-
ration ; il fait régner les lois, et s'y soumet lui-
même le premier. Le peuple lui obéit avec joie,
parce qu'il se sent heureux sous son Gouvernement juste et paternel.

En général, dans tout pays on peut se régler
sur l'opinion publique pour apprécier la bonté
du Gouvernement, et l'on doit même remar-
quer que le peuple, naturellement porté à se
plaindre, est plutôt avare que prodigue de
louanges. Ainsi, lorsqu'il murmure, il est à
présumer que le Gouvernement est vicieux ;
maissi, au contraire, on voit le peuple lui témoi-
gner un grand attachement, il faut en conclure
avec assurance qu'il lui doit son bonheur et
qu'il en a la conviction. Or, le Gouvernement
du Brésil a subi cette épreuve ; l'insurrection
américaine s'est arrêtée à ses frontières et ne
les a pas franchies. La révolte même suscitée à
Fernambouc par quelques émissaires étrangers, apôtres du libéralisme, n'a fait qu'ajou-

ter un nouvel éclat à la fidélité des Brésiliens.

Au reste, une accusation de despotisme, quand elle n'est pas accompagnée de preuves, n'est d'ordinaire que le langage d'un ambitieux déçu dans ses espérances ; et l'auteur semble se trahir lui-même, en ajoutant ces mots : « Les places les plus » élevées et les plus importantes de l'état se ven- » dent et s'achètent publiquement ; la corrup- » tion, la flatterie et la bassesse sont les agens les » plus puissans pour obtenir de l'avancement. »

Oui, sans doute, il n'est que trop vrai, et j'en ai gémi avec tous mes concitoyens, nous avons vu, il n'y a pas long-temps encore, les honneurs et les emplois *vendus aux plus offrants,* ou livrés aux *courtisans les plus méprisables ;* nous avons vu la corruption encouragée, la bassesse honorée, *la flatterie récompensée,* et les reproches faits à ce sujet par l'auteur de la lettre de Baltimore, ne sont malheureusement pas sans fondement. Mais à qui devait-il les adresser ? qui a osé ainsi tromper la confiance de notre auguste Monarque ? qui a osé ainsi avilir la dignité de son trône ? Il n'est pas un Portugais, *il n'est pas un Brésilien,* qui ne nomme aussitôt feu le comte da B..... C'est lui qui s'est rendu coupable de cette odieuse trahison, et *ses Mémoires secrets,* déjà imprimés à Paris, et qui vont être publiés par un Portugais, M le comte du ***, le prouveront bientôt... C'est ce ministre infidèle, qui, persécutant et éloignant de lui tous ceux qui, aux jours du danger, avaient servi la patrie avec le plus de zèle, et avaient donné les preuves les plus éclatantes de leurs talens, et de leur fidélité inébranlable pour la cause de leur Souverain légitime, a fait un trafic scandaleux de tous les emplois, *a rempli de ses créatures tous les postes qui dépendaient de lui*, et a livré les places les plus éminentes et les plus honorables *à ses plus bas courtisans, à ses plus vils flatteurs, sans même en excepter !......* etc. C'est lui enfin qui a !..... Mais je m'arrête !... que dirais-je en effet, *si je voulais examiner la nature et l'objet des missions confiées aux agens qu'il entretenait auprès de Bonaparte ?*

M. le comte da B..... était ministre des affaires étrangères, quand le Roi de Portugal résolut de se retirer au Brésil. On fit alors de vains efforts pour le détourner de ce voyage, et M. de *** fut expédié en toute hâte de Paris à Lisbonne par Bonaparte, afin d'engager S. M. T.-F. à se confier entièrement à son amitié. Heureusement il échoua dans sa mission ; la Monarchie et le Roi étaient perdus, s'il eût réussi. Ce fut alors que Bonaparte ayant ordonné publiquement à la légation portugaise de sortir du territoire français, le Roi de Portugal la rappela aussi auprès de sa personne, par son manifeste publié à Rio-Janeiro, le 1er. mai 1808. Cependant le chargé d'affaires portugais à Paris, M. le chevalier de B...., trouva convenable à cette époque de ne point obéir à son Souverain !!! Muni apparemment *d'une permission secrète du Gouvernement français,* il continua de résider à Paris, disant, à ce qu'on rapporte, *qu'il avait reçu ordre de M. le comte da B..... de rester à son poste !....* Voilà le respect que témoignait ce ministre pour la volonté si formellement exprimée du Monarque, et l'on peut juger par là *de sa fidélité.* Tel est l'homme cependant dont on a tant vanté, pendant sa vie, la loyauté, la justice et le désintéressement, et dont on *célèbre encore la gloire après sa mort!...* Le journaliste de Baltimore ne serait - il pas aussi un *de ces prôneurs à gages,* qu'il entretenait dans les pays étrangers, et qui, fidèles à leurs engagemens, prodiguent encore l'encens à sa mémoire, et lui sacrifient l'honneur des ministres qui lui ont succédé, en leur adressant des reproches que seul il a mérités ?

Quoi qu'il en soit, aujourd'hui les talens et

les vertus dirigent seuls les choix du Roi ; témoins les noms illustres et recommandables,
que l'on voit figurer dans l'administration de
l'état, à la tête des armées, et dans *une partie*
des légations accréditées par notre auguste Souverain auprès des puissances européennes.

Mais le Roi lui-même n'est pas épargné dans
ces différens articles. La calomnie ne trouvant
prise ni sur sa personne sacrée, ni sur les actes
de son Gouvernement, on ose l'outrager en
tournant en ridicule l'étiquette de sa cour. « Le
» Roi, y est-il dit, donne audience tous les soirs ;
» il se tient debout à la porte de son cabinet,
» et ses courtisans viennent à la suite les uns
» des autres, comme un troupeau d'oies, baiser
» sa main en mettant un genou en terre. »

Je pourrais faire observer que la coutume de
fléchir le genou devant le Souverain a existé au-
trefois chez presque tous les peuples de la terre,
et que toutes les nations se sont accordées à me-
surer les honneurs qu'elles rendaient à leurs
chefs, sur le respect qu'elles leur portaient.
Mais que ces hommes méprisables, qui se per-
mettent de nous comparer aux animaux les plus
stupides, connaissent mieux l'élévation de nos
sentimens. Nous baisons la main de notre Roi,
comme des enfans baisent la main de leur père;

nous la baisons en signe de notre soumission,
comme il nous la présente en signe de sa ten-
dresse. Et si, en lui rendant cet hommage, nous
fléchissons le genou, c'est parce que nous ne
connaissons pas de manière plus énergique de
lui prouver notre dévouement sans bornes ; nous
renouvelons par cet acte notre serment de fidélité. Les Portugais honorent dans la personne
du Roi, la nation entière dont il est le chef ;
ils s'énorgueillissent de fléchir devant la majesté
de son représentant, un genou, que certes ils
ne fléchiront jamais devant aucune autre puis-
sance de la terre (*).

Après avoir insulté la personne sacrée du
Roi, il est naturel que l'on attaque également
les membres de sa famille. Aussi, la calomnie
ne les a-t-elle pas épargnés, et c'est contre eux

(*) Ces audiences, au reste, ne sont pas réservées
aux courtisans seuls ; tout le monde y est également
admis. Le Roi reçoit chaque jour tous ceux de ses sujets,
qui ont quelques affaires à lui exposer, quelque grâce ou
quelque faveur à solliciter. Il écoute chacun en particulier avec l'attention la plus bienveillante, prend intérêt
à ce qui leur arrive d'heureux, encourage leurs succès,
compâtit à leurs peines, partage leurs douleurs, accueille
la plainte du faible, essuie les larmes du malheureux.
Dans ces réceptions, il n'y a aucune distinction d'établie ;

sur-tout qu'elle dirige tous ses efforts. « Ces
» réglemens, disent les auteurs de ces articles
» de journaux au sujet des marques extérieures
» de respect qu'on exige à l'égard des Princes,
» sont arbitraires et oppressifs, et les étrangers
» sont tenus de s'y conformer, quoique dis-
» pensés par une déclaration du Roi. On les
» oblige aussi bien que les Portugais, lorsqu'ils
» rencontrent les Princes, de mettre pied à
» terre, s'ils sont à cheval, et s'ils sont en voi-
» ture, d'en descendre aussitôt ; sans quoi ils
» sont sévèrement châtiés par les valets qui
» sont à leur suite. » Et à ce sujet ils racontent
qu'un jour deux étrangers qui se trouvaient
sur leur passage, n'étant pas descendus de cheval, parce qu'ils s'en croyaient dispensés par la
déclaration du Roi, furent traités d'une ma-

---

on n'y est pas exposé, comme dans la plupart des cours
de l'Europe, à souffrir des mépris et des humiliations
de la part des grands et des favoris. Tous les Portugais,
en approchant de leur auguste chef, ou plutôt de leur
père, sont égaux à ses yeux, et semblent jouir des
mêmes droits et des mêmes prérogatives. Est-il une
cour dont l'accès soit plus facile ? est-il un Prince qui
témoigne à tous ses sujets plus de bonté, de douceur
et d'affabilité, et qui nous retrace mieux ces vertus an-
tiques et vraiment patriarcales des premiers souverains ?

nière indigne ; que l'un deux fut rudement frappé par l'ordre du jeune Prince, âgé de quatorze ans, et que le second, qui était un homme de cinquante ans, reçut un coup de cravache de la main du Prince royal. Ils ajoutent que dans une autre occasion, le même Prince, oubliant sa dignité, lança une pierre à un étranger qui, ne le connaissant pas, n'avait point ôté son chapeau en passant devant lui. Enfin, ils terminent leur récit par cette réflexion injurieuse : « La tyrannie et l'oppression sont des maux » bien graves dans toutes les circonstances ; » mais ces maux sont intolérables, quand ils » sont l'effet de l'ignorance et de l'imbécillité. »

Mais qui croira jamais que dans la capitale du Brésil, et sous les yeux du Roi, les Princes de la famille royale aient publiquement désobéi à ses ordres, au sujet des étrangers ? qui croira jamais que des étrangers aient, au milieu des acclamations de tout un peuple, affecté de manquer d'égards pour des Princes qu'ils admirent et qu'ils sont si empressés de contempler de près ? qui pourra croire que ces augustes Princes aient arrêté leur marche pour faire châtier quelques individus perdus dans la foule et à peine aperçus, et que le Prince royal se soit oublié au point de se porter à des violences personnelles ? Pourquoi l'auteur qui rapporte ce fait inconnu, n'a-t-il pas nommé les étrangers dont il parle ? que n'a-t-il cité le jour, le lieu et les témoins de cette scène ? Je le défie de produire la moindre preuve d'un pareil fait. J'en atteste ici, et tous mes compatriotes, et tous les habitans de Rio-Janeiro, et tous les Brésiliens ; j'en atteste particulièrement tous ceux qui, comme moi, ont eu l'honneur d'approcher de nos Princes chéris ; tous ceux qui, comme moi, connaissent la bonté de leur caractère, leur douceur, leur affabilité, leur popularité même ; ont-ils jamais montré, soit dans leurs discours, soit dans leurs actions, en particulier, ou en public, des sentimens qui ne fussent dignes de leur rang et de leur naissance, qui ne fussent propres à leur concilier l'amour de la nation, et à justifier toutes ses espérances ?

Une lettre de Rio-Janeiro, insérée dans le *Courrier*, le 23 octobre dernier, citait encore un fait semblable, et rapportait que le Commodore Bowles, commandant du vaisseau de S. M. Britannique *la Créole*, avait été indignement maltraité par des officiers portugais, pour n'être pas descendu de cheval, en passant devant la Reine ; mais au moins le Courrier, plus sincère en cela que d'autres journaux, a-t-il eu le bon esprit de reconnaître, le 6 décembre dernier, qu'il avait été induit en erreur, et il a pleinement démenti son récit.

Après avoir calomnié le Roi et les membres de sa famille sur l'étiquette de leur cour, sur leur caractère personnel, et sur leur conduite privée, l'auteur de la lettre de Baltimore trouve encore moyen de critiquer leur conduite publique, au sujet de la guerre contre Artigas, chef des indépendans de la rivière de la Plata. Je ne le suivrai point dans ses réflexions. Là-dessus assurément le champ est ouvert aux discussions politiques ; il me semble seulement que pour se constituer juge des résolutions prises dans le conseil des Rois, il faudrait au moins connaître les motifs qui ont pu les déterminer.

Toutefois je dois relever ici un fait évidemment contraire à la vérité, et que l'on n'a avancé que dans l'intention coupable d'égarer parmi nous l'opinion publique, et de l'animer contre le gouvernement. « Quand l'Espagne, dit l'au-
» teur de cet article, eut invoqué la médiation
» des puissances alliées, pour obtenir la resti-
» tution de Monte-Video, les Ambassadeurs
» étrangers reçurent ordre de leurs souverains
» de travailler à la pacification des deux cou-
» ronnes ; mais le ministère portugais répondit

» à leurs communications d'une manière aussi
» grossière qu'impolitique, en leur faisant en-
» tendre qu'ils n'avaient rien à voir dans une
» affaire qui ne les regardait pas. »

On ne montra jamais plus d'ignorance et plus
de mauvaise foi. L'Europe entière sait que les
conférences pour la pacification furent ouvertes
à Paris, et que le Gouvernement portugais y
envoya un ministre plénipotentiaire, qui y sé-
journa pendant plus d'un an, pour suivre cette
négociation. L'auteur que je combats a seul
feint de l'ignorer.

Il est donc évident, en résumé, que le véritable but de toutes ces lettres anonymes, auxquelles on donne tant de publicité, est d'exci-
ter le mépris et la haine des Portugais et des
Brésiliens contre leur Roi, contre la famille
royale, contre l'administration de l'État, et
d'indisposer contre notre Gouvernement toutes
les puissances étrangères. Les calomnies qu'elles
contiennent ont été répandues dans toute l'Europe; elles ont été répétées et le sont encore par
les journaux de France, des Pays-Bas, d'Alle-
magne et d'Angleterre, et c'est d'après l'impres-
sion qu'elles ont produite sur l'opinion publique,
que les ennemis du Roi de Portugal ont alors
répandu le bruit qu'il régnait au Brésil un mé-

contentement général , que les esprits étaient en fermentation , et qu'une révolution était sur le point d'éclater.

Les ambassadeurs de Portugal à Paris , à Londres , à Vienne et à Bruxelles , méprisant de pareilles calomnies , n'ont pas cru jusqu'ici nécessaire d'y répondre. Cependant , quand j'ai vu les mêmes bruits , les mêmes nouvelles , les mêmes faits répétés sans cesse par différens journaux , il m'a semblé que *c'était un devoir pour tous les sujets portugais , qui se trouvent chez l'étranger, de soutenir de tous leurs efforts l'honneur de leur patrie indignement outragée.*

J'ai rempli ce devoir que m'imposait mon amour pour mon Roi et pour mon pays , et en quelque lieu que les circonstances me conduisent, ma voix s'élevera toujours avec la force que donne l'accent de la vérité , pour repousser les atteintes portées à la gloire de ma patrie et de mon Souverain , et à la tranquillité de ses états. Peut-être servirai-je en même temps la cause de la royauté et de la légitimité , que l'on cherche par-tout à avilir par des calomnies dirigées en apparence contre un seul Monarque , et dans la réalité , contre la majesté de tous les trônes et l'honneur de tous les Rois.